# BEI GRIN MACHT SICH IHR WISSEN BEZAHLT

- Wir veröffentlichen Ihre Hausarbeit, Bachelor- und Masterarbeit

- Ihr eigenes eBook und Buch - weltweit in allen wichtigen Shops

- Verdienen Sie an jedem Verkauf

**Jetzt bei www.GRIN.com hochladen und kostenlos publizieren**

**Bibliografische Information der Deutschen Nationalbibliothek:**

Die Deutsche Bibliothek verzeichnet diese Publikation in der Deutschen Nationalbibliografie; detaillierte bibliografische Daten sind im Internet über http://dnb.dnb.de/ abrufbar.

Dieses Werk sowie alle darin enthaltenen einzelnen Beiträge und Abbildungen sind urheberrechtlich geschützt. Jede Verwertung, die nicht ausdrücklich vom Urheberrechtsschutz zugelassen ist, bedarf der vorherigen Zustimmung des Verlages. Das gilt insbesondere für Vervielfältigungen, Bearbeitungen, Übersetzungen, Mikroverfilmungen, Auswertungen durch Datenbanken und für die Einspeicherung und Verarbeitung in elektronische Systeme. Alle Rechte, auch die des auszugsweisen Nachdrucks, der fotomechanischen Wiedergabe (einschließlich Mikrokopie) sowie der Auswertung durch Datenbanken oder ähnliche Einrichtungen, vorbehalten.

**Impressum:**

Copyright © 2015 GRIN Verlag, Open Publishing GmbH
Druck und Bindung: Books on Demand GmbH, Norderstedt Germany
ISBN: 9783668275898

**Dieses Buch bei GRIN:**

http://www.grin.com/de/e-book/337862/non-formal-education-wie-man-im-team-besser-lernt

Tim Huyeng

**Non-Formal Education. Wie man im Team besser lernt**

GRIN Verlag

**GRIN - Your knowledge has value**

Der GRIN Verlag publiziert seit 1998 wissenschaftliche Arbeiten von Studenten, Hochschullehrern und anderen Akademikern als eBook und gedrucktes Buch. Die Verlagswebsite www.grin.com ist die ideale Plattform zur Veröffentlichung von Hausarbeiten, Abschlussarbeiten, wissenschaftlichen Aufsätzen, Dissertationen und Fachbüchern.

**Besuchen Sie uns im Internet:**

http://www.grin.com/

http://www.facebook.com/grincom

http://www.twitter.com/grin_com

# Non-Formal Education – Wie man im Team besser lernt

Tim Huyeng

Seminar: Teamentwicklung
Modul: 2.1 Sozialpsychologie

09.07.15

# 1 Inhaltsverzeichnis

2 Einleitung .................................................................................................. 2
3 Non-Formal Education – Der Versuch einer Definition ........................... 3
   3.1 Thematiken ........................................................................................ 5
4 Kommunikation in der NFE ...................................................................... 6
   4.1 Mediale Unterstützung ...................................................................... 6
   4.2 Interkulturelle Kommunikation ......................................................... 7
   4.3 Resonanz ............................................................................................ 8
5 Risiken und Nebenwirkungen ................................................................... 9
   5.1 Mögliche Verluste im Teamprozess .................................................. 9
   5.2 Unklarer Ausgang .............................................................................. 9
6 Fazit ......................................................................................................... 10
7 Literaturverzeichnis ................................................................................ 11

# 2 Einleitung

Als Ernst Ferstl den Ausspruch „Auch Umwege erweitern unseren Horizont" aussprach, so könnte fast geglaubt werden, er habe damit den Wahlspruch der Non-Formal Education (NFE) kreieren wollen. Denn wenn eine Gruppe von Menschen zusammenkommt (Arbeitsgruppe), um ein funktional-differenziertes Team zu bilden und gemeinsam ein gesellschaftlich relevantes Thema zu bearbeiten, ist der Ausgang stets unvorhersehbar, der Weg dorthin allerdings eine Bereicherung für jedes Individuum. So muss ein Weg gefunden werden, der über das erratische Lernen und Denken hinausgeht, und gleichzeitig den nötigen roten Faden aufweist, welcher für brauchbare Ergebnisse in der Bildung unerlässlich ist. Die Herausforderung wird von mehreren Bildungsstätten angenommen und über das Konzept der Non-Formal Education umgesetzt.

Im Rahmen meiner Anstellung im Europahaus Bad Marienberg möchte ich meine Erfahrungen in diesem Bereich nutzen, um die Methodik und Philosophie der NFE mit den Methoden der Psychologie darzustellen. Dabei soll sich der Fokus vor allem auf die Gruppenprozesse richten, da diese Arbeit im Kontext des Seminars „Teamentwicklung" in Modul 2 Sozialpsychologie geschrieben wird. Zunächst werden die wichtigsten Elemente der Non-Formal Education aufgezeigt und der Versuch einer Begriffsbestimmung unternommen. Darauf basierend werden mögliche geeignete Themen vorgestellt. Da in Gruppen Kommunikation die einzige Möglichkeit der Zusammenarbeit darstellt, soll diese Arbeit die kommunikativen Eigenheiten der Teamarbeit in der NFE-Jugendarbeit aufzeigen. Abschließend sollen vor einem summierenden Fazit noch Risiken bzw. Schwächen vorgestellt werden. Dabei werde ich versuchen diese mit dem Basiswissen der Sozialpsychologie zu bearbeiten und Möglichkeiten der Minimierung oder annähernde Annihilation dieser aufzeigen.

Das Europahaus Marienberg (EHM) ist eine moderne europäische Bildungsstätte im nördlichen Rheinland-Pfalz. Das EHM wurde 1951 als erstes Europahaus gegründet und ist damit „Stammhaus" von weit über 100 vergleichbaren Einrichtungen in über 30 europäischen Ländern. Die umfassende und moderne Infrastruktur des Seminarzentrums steht für die methodenreiche Umsetzung der verschiedensten Bildungsprojekte zur Verfügung. Dabei wird die Jugendbildung unter dem Stichwort „think europe" durchgeführt und arbeitet mit bi-, tri und multinationale Jugendbegegnungen zu europäischen Schwerpunktthemen. Die Projekte werden zumeist über einen Zeitraum von circa 8 Tagen mit Übernachtung im hausinternen

Gästehaus durchgeführt. Das Ziel ist die Förderung eines gemeinsamen Europas und der Herausbildung von partizipativen und politisch gebildeten europäischen Bürgern.

Das Europahaus arbeitet vor allem inter- beziehungsweise transdisziplinär und reagiert damit auf entsprechende Veränderungen in der Gesellschaft (Preger, 2008). Die Bildungsprojekte (im Besonderen die multinationalen) bieten eine einmalige Möglichkeit zum Lernen und Lehren bei großer Heterogenität der Kursteilnehmer, andauernder sozialer wie auch thematischer Integration und größtmöglicher Egalisierung der Kursinvolvierten.

## 3 Non-Formal Education – Der Versuch einer Definition

Um später auf detaillierte Aspekte der NFE eingehen zu können, muss zunächst Prinzip, Gedankenmodell und Schwerpunkt dieser klargestellt werden. Da diese Form der Bildung nur sehr langsam in die etablierten Muster und Institutionen eingeflochten worden ist, bleibt die Auswahl an einschlägigen Monographien bis heute eher spärlich und selbst eine einheitliche Definition konnte sich noch nicht herauskristallisieren. Dennoch versuche ich im Folgenden mein Verständnis der NFE darzulegen und damit auch eine klare Begriffsbestimmung anzustreben.

Zunächst lässt sich festhalten, dass NFE zumeist negativ definiert wird, indem sie abgegrenzt wird von der Formalen beziehungsweise Informalen Bildung. Dabei soll die NFE den Median zwischen diesen beiden Extrempolen darstellen. *Formal learning* ist generell die typischerweise von Schulen, Universitäten und stark in das Gesellschaftsleben eingebunden Institutionen angebotene Form der Wissensvermittlung. Die Inhalte, die Zeitpläne und die Unterstützungsleistungen sind vorab klar strukturiert und zumeist wird das Lernen bei Erfolg mit einem Zertifikat o.ä. belohnt. Auf der anderen Seite wird *informal learning* im alltäglichen Leben realisiert und resultiert zumeist aus Aktivitäten in Familie, der Arbeit oder der Freizeit. Das Lernen läuft vollkommen unstrukturiert ab und führt normalerweise nicht zu einer schriftlichen Leistungszertifizierung. Der Lerner lernt dabei zumeist die Inhalte ohne sich dessen vollständig bewusst zu sein (s. a. Smith, 2001).

Um einen Schritt über diese dimensionale Beschreibung (Informales Lernen – NFE – Formales Lernen) hinaus zu wagen und die Besonderheiten des Lernprozesses der NFE herauszustellen, sind positive Zuschreibung und theoriegeleitete Definitionsansätze nötig (s. dazu Edelmann, 2000). Um zunächst rein etymologisch vorzugehen lässt sich aufzeigen, dass der Begriff der Non-Formal Education nicht ohne Grund von vielen Autoren und Lehrenden in seiner ursprünglichen, englischen Fassung übernommen wird. So kommt die Idee der Edukation (s. lat. *educere*) als Herauslösung/ Herausführung von etwas im Individuum bereits

Angelegtem der Grundidee der NFE sehr nahe. Man geht davon aus, dass die Teilnehmer bereits das nötige Potential mitbringen und nur noch über verschiedene Methoden auf diese inhärenten Ressourcen fokussiert werden müssen. Damit wird die starke Verbindung zwischen NFE und dem globalen Kontext des lebenslangen Lernens klar. Denn jeder kann für sich individuell seinen Output kreieren (s. dazu auch *Divergentes Denken* in Brander, Kompa und Peltzer (1989)) ohne von äußeren Strukturen auf ein bestimmtes Ergebnis festgelegt zu werden. Damit sind die meisten Projekte offen für fast alle Altersbereiche. Einzige Einschränkung bezieht sich darauf bis zu welchem Grad sich die Teilnehmer auf die völlig neuen Methodiken einlassen können (vgl. Pimmer & Guilford, 1995).

Der Unterschied zur Formalen Bildung besteht strukturell darin, dass in der Formal Education allen der gleiche Inhalt offeriert wird und auch der gleiche Output erwartet wird. Bei der NFE soll aus dem gleichen Input vollkommen individueller Output generiert werden. So entstehen aus ein und derselben Aufgabe häufig vollkommen unterschiedliche Lösungsansätze und Ideen. Die Flexibilität von Inhalten und Methoden müssen darauf individuell reagieren können und lernerzentriert für Möglichkeiten der Bedingungen der Umsetzung sorgen (Smith, 2001). NFE wird häufig auf der Grundlage einer lose organisierten voluntaristischen Gruppe mit flacher Hierarchie durchgeführt. Damit sind für diese Form der Bildung keine Institutionen wie Schulen und Universitäten nötig, was auch die Möglichkeit des Einsatzes in wirtschaftlich und infrastrukturell schwachen Regionen der Welt mit sich bringt (vgl. Thompson, 1981).

Die Non-formalen Lernmethoden beziehungsweise digitalen Lernformen im Europahaus werden mit starkem Fokus auf die partizipative Aktivierung der Teilnehmer/innen ausgewählt. Das methodische Repertoire muss der Zielgruppe entsprechen und eine intensive Auseinandersetzung mit dem Thema ermöglichen. Im Einzelnen werden schwerpunktmäßig folgende Methoden eingesetzt: Informationsfilm(e), fachliche Präsentationen, Bilder und Grafiken, Diskussionsrunden und Debriefingeinheiten, Lehrgespräche mit Experten, Evaluationen, digitale Präsentationen und Medien, Kleingruppenarbeit, Fachrecherche, Quiz, Exkursion, Museumsbesuch (siehe auch Kapitel 4.1).

Das Kohärenzgefühl (s. Antonovsky, 1997) der Teilnehmer soll über das partizipative Mitgestalten der Kurse gesteigert werden. Durch die neuen Reize und das Wiederfinden des eigenen Selbst in einem größeren Gruppenkontext wird die Sinnhaftigkeit gesteigert. Die Seminarinhalte sollen die Umwelt der Teilnehmer verstehbarer erscheinen lassen und letztlich wird die Welt durch neue Informationen und Kompetenzen auch deutlich handhabbarerer. Zumal über das frisch generalisierte europäische Netzwerk neue soziale

Widerstandsressourcen gewonnen werden können. Dies alles kann allerdings nur gelingen, wenn alle Lerninhalte und Strukturen der Teamarbeit auf der Basis eines „buttom up" Entscheidungsmechanismus entstehen (Fordham et al, 1979)

## 3.1 Thematiken

Die Thematiken sollten natürlich so gewählt werden, dass die Vorteile der NFE möglichst gut zum Tragen kommen. Häufig sind dies gesellschaftlich relevante Themengebiete wie Politik, Wirtschaft oder Ethik. Dabei wird zwar kaum neues kristallines Wissen aufgebaut und es wird auch nicht dem Kompetenzwahn der modernen Pädagogik nachgegeben (Krautz, 2009), jedoch sollen Werte aufgebaut werden, Alltagskompetenzen gestärkt und fluides Wissen generiert werden. Respekt, Toleranz und kulturelle Vielfalt sollen in einer heterogenen Gruppe Jugendlicher erfahrbar werden.

Schon Scribner und Cole (1973) zeigten die Schwächen der Formal Education auf und konstatierten eine Diskontinuität zwischen Schulinhalten und der alltäglichen Lebenswelt der Lerner. Dabei zeigen sie am Beispiel des Fremdsprachenerwerbs die Überlegenheit von Informaler Bildung gegenüber Formaler Bildung auf. Ihre Forderung einer Neustrukturierung des gesamten Bildungssystems stützt sich dabei auf sozialpsychologische und anthropologische Überlegungen. NFE will an diesen Realitätsbezug erneut anknüpfen und nicht nur abstrakte und zumeist akademische Kompetenzen, sondern auch soziale Werte und Alltagspraxis ausbilden. Häufig eingesetzt wird NFE für Grundlagenbildung, das Erlernen von Lesen und Schreiben, in Vorschulkursen, im Erlernen von politischen beziehungsweise wirtschaftlichen Zusammenhängen, in der Gesundheitsbildung und für die Bearbeitung von aktuellen ethischen Fragen der Gesellschaft. Die letzten Themen, welche ich als Teamer bearbeitet habe sind: 70 Jahre Kriegsende – Die EU als Garant für Frieden?, Überwachung im 21. Jahrhundert und Storytelling – Wir schreiben unsere Geschichte Europas.

Die Themen sind also zumeist sehr kontrovers und erfordern von den Teilnehmern ein Höchstmaß an Engagement, welches den Seminaren aber zumeist ohne weiteres zuteilwird. Da einem NFE-Seminar häufig nur eine begrenzte Zeitdauer zur Verfügung steht, wird das Programm häufig sehr dicht. Über die genaue Struktur des Zeitplans entscheiden allerdings die Teilnehmer selbst und genauso entscheiden sie selbst, wann die Lerneinheit des Tages abgeschlossen werden soll, was häufig zu einem Arbeitsmarathon bis in späte Nachtstunden führt.

# 4 Kommunikation in der NFE

Da ein Seminar basierend auf der NFE immer einen Gruppenprozess darstellt, in welchem einzelne Teams ausgebildet werden (die wiederum über die Synopse ihrer kulturspezifischen und individuellen Erfahrungen neue Inhalte schaffen) wird das Plenum mit immer wieder neuen Inhalten bereichert. Dies führt zu einem selbstreferentiellen Prozess in dem zirkulär die Zusammenarbeit ohne die Notwendigkeit weiterer exklusiver Systeme funktionieren kann (s. Autopoiesis in Willke (2000)). Dafür sind die gängigen Sprechakte der verbalen Kommunikation, die alle über die erlernte englische Sprache erfolgen, möglichst nach denen von Rosenstiel (2000) vorgeschlagenen Prinzipien zu gestalten. Diese setzen sich aus folgenden Bewertungsaspekten einer Nachricht zusammen:

- Einfachheit
- Kürze
- Gegliedertheit
- zusätzliche Anregungen
- Zusammenfassungen
- Bitten um Rückmeldungen

Allerdings spielt auch die non- und paraverbale Kommunikation im Seminar eine herausragende Rolle. So lässt sich das Gesprochene über Gestik, Mimik und Körperhaltung soweit unterstreichen, dass die Sprechinhalte durch die non-verbale Kommunikation optimal unterstützt werden und somit von den Jugendlichen besser verstanden werden. Dies ist vor allem notwendig, wenn Teilnehmer der Vermittlungssprache (Englisch) in keinem adäquaten Maß mächtig sind (s. Börner, 2006). Um allerdings auch Emotionen und Motivationen der Teilnehmer zum Beispiel im Prozess des Debriefings richtig einschätzen zu können, muss auch auf die paraverbalen Aspekte der Kommunikation (Stimmfarbe, Intonation, Kadenzen) geachtet werden. Bei der Reflexion der einzelnen Übungen werden immer wieder Konzepte der Metakommunikation aufgegriffen, um die Empathie und das Verständnis für die vorangegangenen sozialen Prozesse zu stärken. Ein Beispiel hierfür ist die Kommunikation der Denkhüte nach De Bono (1989).

## 4.1 Mediale Unterstützung

Das Europahaus reagiert auf die Wichtigkeit der digital gestützten Kommunikation (Rosenstiel, 2000) mit einer starken medialen Unterstützung aller Seminarinhalte. Dafür stehen Laptops, Tablets, Kameras, Aufnahmegeräte und Beamer zur Verfügung. Nach

Rosenstiel (2000) könnte man von einem Ausgleich zum geringen Angebot in Schulen und Universitäten sprechen.

Indem alle Zwischenergebnisse immer wieder digital festgehalten werden, können die Seminarteilnehmer jederzeit auf ihre bisherigen Ergebnisse zurückgreifen und auch Inhalte von anderen Teams nutzen. Auch für Außenstehende und ehemalige Teilnehmer bleiben die groben Seminarinhalte zugänglich, da vor allem auf der Online-Plattform Twitter unter dem Hashtag #thinkeurope alle wichtigen Ereignisse dokumentiert werden. Allerdings bleibt es natürlich bei einer Mischung aus analogen und digitalen Methoden. Denn natürlich bringen digitale Medien auch nicht zu unterschätzende Schwierigkeiten mit sich (siehe dafür Kapitel 5.2). Das Methodenrepertoire reicht u. a. von Educaching, Webtools, Social Media und digitale Medien bis zu Planspielen, Expertendiskussionen, Workshops und Exkursionen.

Die wichtigsten webbasierten Applikationen bestehen aus folgenden:

1. Edupad.ch ist eine Plattform auf der in Echtzeit eine unbegrenzte Anzahl Jugendlicher gemeinsam einen Text formulieren können.
2. Adobe Voice ist eine für IPADs konstruierte App, welche es den Jugendlichen ermöglicht gemeinsam eine Geschichte mit Bildern und darüber gelegten Sprachinhalten zu erzählen.
3. Tagul.com ist eine Website, die es ermöglicht schnell und effektiv Wordclouds zu erstellen. Dies kann für das Brainstorming genauso wie für das Debriefing am Ende genutzt werden.
4. Kahoot.com ist eine Webbasierte Umfrageplattform, die in Echtzeit Ergebnisse produziert. So lässt sich das „buttom-up" Verfahren (s.o.) einer demokratischen Seminarumsetzung verwirklichen.

## 4.2 Interkulturelle Kommunikation

Es sind kleinen Eigenheiten jeder vertretenen Kultur, die das Seminar noch spannender erscheinen lassen und Teilnehmern die Pluralität der Welt vor Augen führen können. Sei es die Bulgaren, die mit einem Kopfschütteln bejahen, die Ungarn, die ihre Brötchen nicht aufschneiden, sondern einfach auf der Unterseite beschmieren oder die Deutschen mit ihrem kalten und recht spartanischen Abendbrot, alle praktizieren Gewohnheiten, welche nie hinterfragt wurden. Und es sind diese Schemata des Denkens, welche aufgebrochen werden müssen, um sie zumindest einmal reflektieren zu können – nur so kann der Wahlspruch der Europäischen Union mehr als dogmatische Politikrhetorik sein.

„In Vielfalt geeint", so fühlen sich die Teilnehmer besonders an einem Abend: dem Country-Market. An diesem Abend wird jeder Delegation die Bühne geöffnet, um ihr Land zu präsentieren. Tänze, Gesang und ganz individuelle Besonderheiten werden zum besten gegeben. Abschließend werden in einem großen Kreis die von den Teilnehmern mitgebrachten Speisen und Getränke des Landes serviert. Probieren geht über Studieren.

Die Vermittlung von interkulturellen beziehungsweise schlichtweg sozialer Kompetenzen ist in der globalisierten Welt des 21. Jahrhunderts wichtiger denn je geworden (Christ, 2006). Um Sicherzustellen, dass auch außerhalb der Seminarzeit ein ständiger Austausch vonstattengeht, werden zwei Spiele über die gesamte Woche und ohne zeitliche Begrenzungen gespielt. Zum einen wird ein Gegenstand (s. #haeckelschwein auf twitter) über die gesamte Woche von einer zur anderen Person weitergegeben. Ziel ist es für den Einzelnen diesen Gegenstand am Ende der Woche bei der großen Plenumssitzung nicht mehr zu besitzen. Der Gegenstand darf immer dann weitergegeben werden, wenn der derzeitige Besitzer die Antwort „Nein" bekommt (natürlich gelten alle Verneinungen in allen Sprachen). Das andere Spiel bezieht sich darauf, dass jedem Teilnehmer zunächst ein anderer Teilnehmer zugeordnet wird. Ziel ist es dann seinem „Opfer" etwas direkt in Hand zu Hand zu überreichen. Ist dies geschehen, ist der jeweilige Teilnehmer raus aus dem Spiel, sein Namensschild wird an die „Wall of Death" gehangen und der Gewinner erhält das Opfer seines Opfers.

### 4.3 Resonanz

Soziale Resonanz wird häufig mit der physikalischen beziehungsweise musikalischen Resonanz analog gesetzt. So werden zum Beispiel alle Gitarren in einem Gitarrenladen in der gleichen Frequenz schwingen, wie eben jene die man gerade anspielt. Ähnlich werden sich in einer harmonischen Gruppe alle Personen untereinander angleichen und versuchen ihr Verhalten sinnbildlich zu synchronisieren (Rosa, 2015). Sozialer Druck durch zum Beispiel Zeitdruck und ständig aufkommende Ablenkung, welche Resonanz verhindern, werden möglichst kleingehalten. Um in einer Gruppe Resonanz herstellen zu können, benötigt es ein weiteres: Rapport.

Durch Rapport lässt sich eine enge Kommunikationsbeziehung sowohl aufbauen, wie auch aufrechterhalten. Im Besonderen ist damit das subtile Spiegeln des Verhaltens des anderen gemeint (Havener, 2009). Dabei wird auf der Grundlage einer adäquaten Beobachtung das Verhalten (Sprechtempo, Atemfrequenz, Gestik, Mimik, körperliche Distanz, Körperhaltung, Klanghöhe der Stimme etc.) mit etwas Abstand möglichst authentisch imitiert. Die

Wichtigkeit des Rapports zum Aufbau einer überdauernden Paarbeziehung ist sowohl in der Ethnologie (Lévi-Strauss, 2008) als auch in modernen Soziologie (Albrecht, 2008) anerkannt. Beim Einstellen eines Rapportzustands kann der Imitator auch die Rolle des Lenkenden übernehmen und seinen Gesprächspartner damit unterbewusst zu einer Verhaltensänderung bringen (s. *Pacing* und *Leading*). Durch das Verändern des Körpers kann auf der Grundlage der Psychosomatik (Ermann, Frick, Kinzel & Seidl, 2014) eine gerichtete Veränderung der Kognition und Emotion initiiert werden. Auf diese Weise lässt sich zum Beispiel die Stressatmung eines Gegenübers reduzieren und damit sein Arousal auf ein angenehmeres Niveau bringen (Bruno, Adamczyk & Bilinski, 2014).

Wenn der Rapport über das Gefühl der Anerkennung zum Resonanzerleben führt, so passiert es nicht selten, dass damit auch ein gewisser Flow-Zustand (Csikszentmihalyi, 1985) einhergeht. Dabei lassen sich spannende Phänomene beobachten: die Zeit wird vollkommen vergessen, kreative Meisterleistungen werden vollbracht und die Träume der Teilnehmer gleichen sich über die Woche aneinander an.

## 5 Risiken und Nebenwirkungen

### 5.1 Mögliche Verluste im Teamprozess

Da die Aufgaben über das gesamte Seminar stark in ihren Leistungsanforderungen divergieren, muss man sich über die Prozesse des „social loafings" auf der einen und „social facilitation" auf der anderen Seite bewusst sein. Entscheidend ist die Form der Einsicht in die Teamergebnisse (vgl. Aronson, Wilson & Akert, 2014). Gerade bei sehr komplexen Aufgaben führt eine starke Konzentration auf die Einzelleistungen zu einem zu hohem sozialen Druck und durch die verstärkte Aufregung wird die Leistung unnötig gesenkt. Bei einfachen Aufgaben allerdings ist es sinnvoll die Einzelleistungen herauszustellen (soical facilitation), da hier eine moderate Steigerung der Aufregung und damit auch Aufmerksamkeit zu besseren Ergebnissen führt. Zudem kann man dadurch auch die negativen Effekte von „free ridern" (Trittbrettfahrern) minimiere. Dies ist wichtig, damit auch im gesamten Team die Motivation auf einem hohen Niveau gehalten werden kann (vgl. im Gegensatz dazu: *Sucker-Effekt*).

### 5.2 Unklarer Ausgang

Da die gesamte Gruppe in kleinere Teams aufgespalten wird, welche dann eigenständig ein selbstgewähltes Thema bearbeiten, können verschiedenste Probleme auftreten. Innerhalb des Teams wird der Zusammenhalt stark gestärkt, allerdings lässt sich dies nur schwer auf die Allgemeinheit übertragen. So tritt das oben genannte Resonanzerleben zunächst häufig nur in den partiellen Teams auf. Deshalb ist darauf zu achten, dass die Teams von Anfang an heterogen (multinational) gestaltet sind und das Resonanzerleben dann durch schon zuvor konstituierte Gruppierungen auf die große Gruppe übertragen werden. Dass die unterschiedlichen Teams nicht mit zwei Teamern beaufsichtigt werden können, ist allerdings weniger als Nachteil zu sehen. Viele der Jugendliche sind es kaum gewöhnt völlig frei und unabhängig von institutionalisierter Kontrolle zu arbeiten, was sie dann im Seminar zu völlig neuen Motivationslagen (d.h. intrinsische) und Rollenverständnissen befähigt (Foucault, 2005).

Es ist allerdings nie ganz auszuschließen, dass die Teams untereinander redundante Inhalte produzieren. Diese sollten jedoch generell nur eine gewisse Schnittmenge darstellen, die von den viel essentielleren Ergänzungen bei weitem überstrahlt wird. Eine Chance wie auch Gefahr stellt die freie Wahl der in den Teams bearbeiteten Thematiken dar. Auf der einen Seite wird dadurch ein kreativer Umgang mit den Interessen der Schüler suggeriert, auf der anderen Seite wird ein anfänglich gefasstes Oberthema durch die Teilnehmer so weit interpretiert, dass am Ende die Schnittpunkte häufig eher marginal sind. Der unklaren Fokussierung muss im Zweifel durch weiche Manipulation (s. Bless & Hogen, 2011) entgegengewirkt werden.

In einer Gruppe aus Jugendlichen, die sich alle freiwillig auf ein multinationales Bildungsprojekt eingelassen haben, besteht zumeist schon vor dem ersten Zusammentreffen eine gewisse Konsistenz der Weltbilder, politischen Meinungen und habitualisierten Denkmechanismen. Diese anfänglichen, teilweise noch schwach ausgebildeten sozialen Einstellungen werden durch Prozesse Gruppenpolarisation weiter verstärkt und über normative wie auch informative Einflüsse beeinflusst (Aronson et al., 2014). Diese Gruppenpolarisation muss in den Reflexionsrunden über Metakommunikation immer wieder thematisiert werden. Die inhärenten Risiken einer übermäßigen Nutzung digitaler Medien sind sehr gut in Spitzer (2014) dargestellt worden.

## 6 Fazit

Insgesamt wurde aufgezeigt welche Rolle NFE in der modernen lebenslangen Bildung spielen kann. Neben einer möglichst praxisorientierten Begriffsdefinition sollten mögliche Themenfelder aufgezeigt werden. Explizit wurde auf die Kommunikation innerhalb eines NFE-Seminars eingegangen. Dabei wurden vor allem wichtige Prinzipien zu Reduzierung von Kommunikationsstörungen ausgemacht und die Möglichkeiten medialer Unterstützung aufgezeigt. Die mediale Unterstützung kann zwar immer nur eine Ergänzung zum analogen

Miteinander darstellen und dennoch müssen Bildungsprojekte neue digitale Methodenkompetenzen vermitteln, um den Teilnehmern eine adäquate Partizipation an der heutigen Meinungsbildung, Politik und Gesellschaft zu ermöglichen. Die interkulturelle Kommunikation ist im Fallbeispiel des Europahauses Bad Marienberg vor allem bei bi-, tri- und multinationalen Workshops wichtig. Verschiedene Methoden (beispielsweise Country-Market, Ice-Breaker und Haeckelschwein) sollen den kulturellen Austausch noch verstärken. Die Gruppendynamik wurde anhand des Modells der Resonanz und weitergehend des Rapports untersucht. Dazu wurden vor allem Sozialpsychologische Theorien herangezogen. Abschließend sollten mögliche Risiken und Probleme der NFE, welche der Gruppensituation geschuldet sind, herausgearbeitet werden. Diese konnten allerdings größtenteils durch das Aufzeigen von Interventionen relativiert werden.

Hiermit erkläre ich, dass ich die beiliegende Arbeit selbst angefertigt und andere Hilfsmittel als die angegebenen nicht benutzt habe.

# 7 Literaturverzeichnis

Antonovsky, A. (1997). *Salutogenese. Zur Entmystifizierung der Gesundheit* (Forum für Verhaltenstherapie und psychosoziale Praxis, Bd. 36). Tübingen: DGVT-Verl.

Aronson, E., Wilson, T. D. & Akert, R. M. (2014). *Sozialpsychologie* (Always learning, 8., aktualisierte Aufl). Hallbergmoos: Pearson. Verfügbar unter http://lib.myilibrary.com?id=652729

Bless, H.-J. & Hogen, H. (2011). *Duden, Rhetorik* (Praxis, 1. Aufl). Mannheim [u.a.]: Dudenverl.

Börner, W. (2006). Theoretische Grundlagen der Fremdsprachenlehre. In P. Scherfer (Hrsg.), *Vom Lehren und Lernen fremder Sprachen. Eine vorläufige Bestandsaufnahme* (S. 103–124). Frankfurt am Main [u.a.]: Lang.

Brander, S., Kompa, A. & Peltzer, U. (1989). *Denken und Problemlösen. Einführung in die kognitive Psychologie* (WV-Studium, Bd. 131, 2., durchges. Aufl.). Opladen: Westdt. Verl.

Christ, I. (2006). Wozu lernt man heute fremde Sprachen? In P. Scherfer (Hrsg.), *Vom Lehren und Lernen fremder Sprachen. Eine vorläufige Bestandsaufnahme* (S. 39–68). Frankfurt am Main [u.a.]: Lang.

Csikszentmihalyi, M. (1985). *Das flow-Erlebnis. Jenseits von Angst u. Langeweile: im Tun aufgehen* (Konzepte der Humanwissenschaften). Stuttgart: Klett-Cotta.

De Bono, E. (1989). *Das Sechsfarben-Denken. Ein neues Trainingsmodell* (ETB, 23013 : Econ-Lebenshorizonte). Düsseldorf: Econ-Taschenbuch-Verl.

Edelmann, W. (2000). *Lernpsychologie* (Lehrbuch, 6., vollst. überarb. Aufl). Weinheim: Beltz, PVU.

Fordham, P. & et al. (1979). *Learning Networks in Adult Education. Non formal education on a housing estate*. London: Routledge and Kegan Paul.

Foucault, M. (2005). *Analytik der Macht* (Suhrkamp Taschenbuch Wissenschaft, Bd. 1759). Frankfurt am Main: Suhrkamp.

Krautz, J. (2009). Bildung als Anpassung. Das Kompetenz-Konzept im Kontext einer ökonomisierten Bildung. *Fromm Forum* (13), 87–100.

Pimmer, H. & Guilford, J. P. (1995). *Kreativitätsforschung und Joy Paul Guilford (1897-1987)*. München: Akademischer Verlag.

Preger, A. (2008). *Interdisziplinarität und Transdisziplinarität in der Sozialen Arbeit. Analyse und Perspektiven*. Saarbrücken: VDM Verlag Dr. Müller.

Rosa, H. (2015). *Resonanz. Eine Soziologie der Weltbeziehung* (1. Aufl.). Berlin: Suhrkamp.

Rosenstiel, L. von. (2000). Training kommunikativer Kompetenz. In L. M. Hofmann (Hrsg.), *Innovative Weiterbildungskonzepte. Trends, Inhalte und Methoden der Personalentwicklung in Unternehmen* (Schriftenreihe Psychologie für das Personalmanagement, 2., unveränd. Aufl, S. 115–126). Göttingen [.a.]: Verl. für Angewandte Psychologie.

Scribner, S. & Cole, M. (1973). Cognitive Consequences of Formal and Informal Education: New accommodations are needed between school-based learning and learning experiences of everyday life. *Science (New York, N.Y.), 182* (4112), 553–559.

Smith, M. K. (2001). *What is non-formal education?,* the encyclopaedia of informal education. Zugriff am 05.07.2015. Verfügbar unter http://infed.org/mobi/what-is-non-formal-education/

Spitzer, M. (2014). *Digitale Demenz. Wie wir uns und unsere Kinder um den Verstand bringen* (Knaur, Bd. 30056). München: Droemer Knaur.

Thompson, A. R. (1981). *Education and Development in Africa*. London: Macmillan.

Willke, H. (2000). *Systemtheorie* (UTB für Wissenschaft : Uni-Taschenbücher, Bd. 1161, 6., überarb. Aufl.). Stuttgart [u.a.]: Fischer.

# BEI GRIN MACHT SICH IHR WISSEN BEZAHLT

- Wir veröffentlichen Ihre Hausarbeit, Bachelor- und Masterarbeit
- Ihr eigenes eBook und Buch - weltweit in allen wichtigen Shops
- Verdienen Sie an jedem Verkauf

Jetzt bei www.GRIN.com hochladen und kostenlos publizieren